Impressum
Verlag: BABADADA GmbH, Nedderfeld 112 , 22529 Hamburg
Geschäftsführer / Verlagsleitung: Harald Hof
Druck: Books on Demand GmbH, In de Tarpen 42, 22848 Norderstedt

Imprint
Publisher: BABADADA GmbH, Nedderfeld 112 , 22529 Hamburg, Germany
Managing Director / Publishing direction: Harald Hof
Print: Books on Demand GmbH, In de Tarpen 42, 22848 Norderstedt

мактаб

school

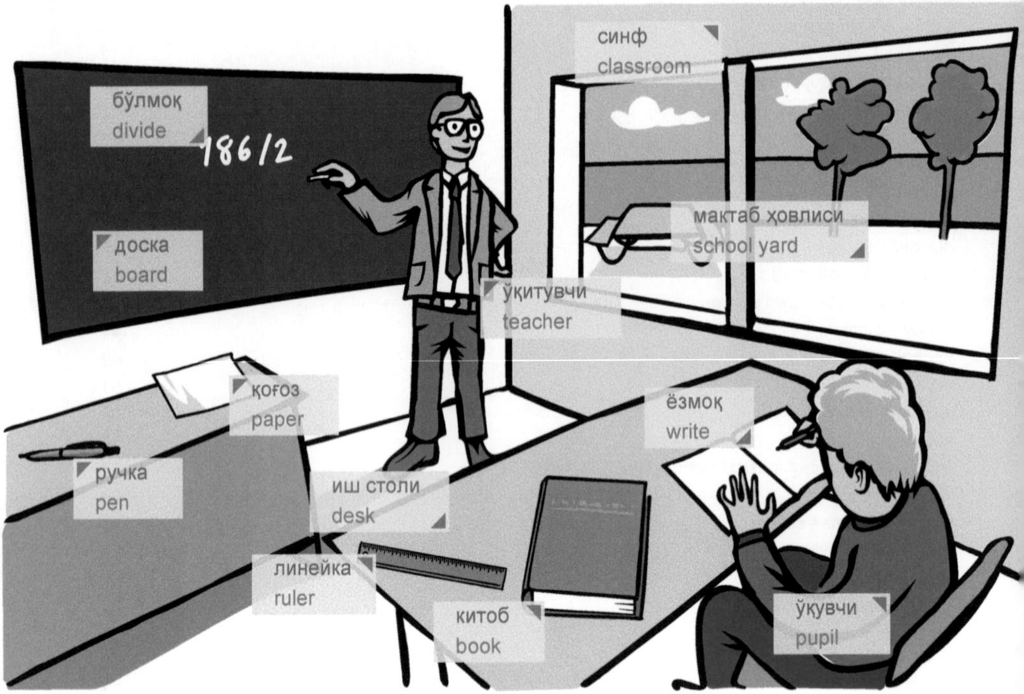
синф
classroom
бўлмоқ
divide
186/2
доска
board
мактаб ҳовлиси
school yard
ўқитувчи
teacher
қоғоз
paper
ёзмоқ
write
ручка
pen
иш столи
desk
линейка
ruler
китоб
book
ўқувчи
pupil

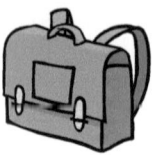

осма сумка

satchel

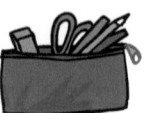

қаламдон

pencil case

қалам

pencil

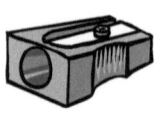

қалам учлагич

pencil sharpener

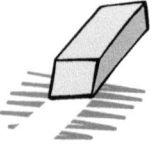

ўчиргич

rubber

расм албоми

drawing pad

чизмачилик

drawing

бўёқ чўтка

paintbrush

бўёқдон

paint box

қайчи

scissors

елим

glue

машғулот дафтари

exercise book

уй иши

homework

рақам

number

қўшмоқ

add

айирмоқ

subtract

кўпайтирмоқ

multiply

ҳисобламоқ

calculate

хат

letter

ABCDEFG HIJKLMN OPQRSTU VWXYZ

алифбо

alphabet

hello

сўз

word

матн

text

ўқимоқ

read

бўр

chalk

дарс

lesson

журнал

register

имтиҳон

exam

гувоҳнома

certificate

мактаб формаси

school uniform

таълим

education

қомус

encyclopedia

олийгоҳ

university

микроскоп

microscope

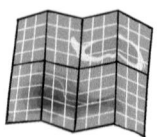

харита

map

урна

waste-paper basket

саёҳат
travel

меҳмонхона
hotel
Grand
сайёҳлар ётоқхонаси
hostel
ROOMS
CHANGE
пул айирбошлаш шаҳобчаси
bureau de change
чемодан
suitcase
машина
car

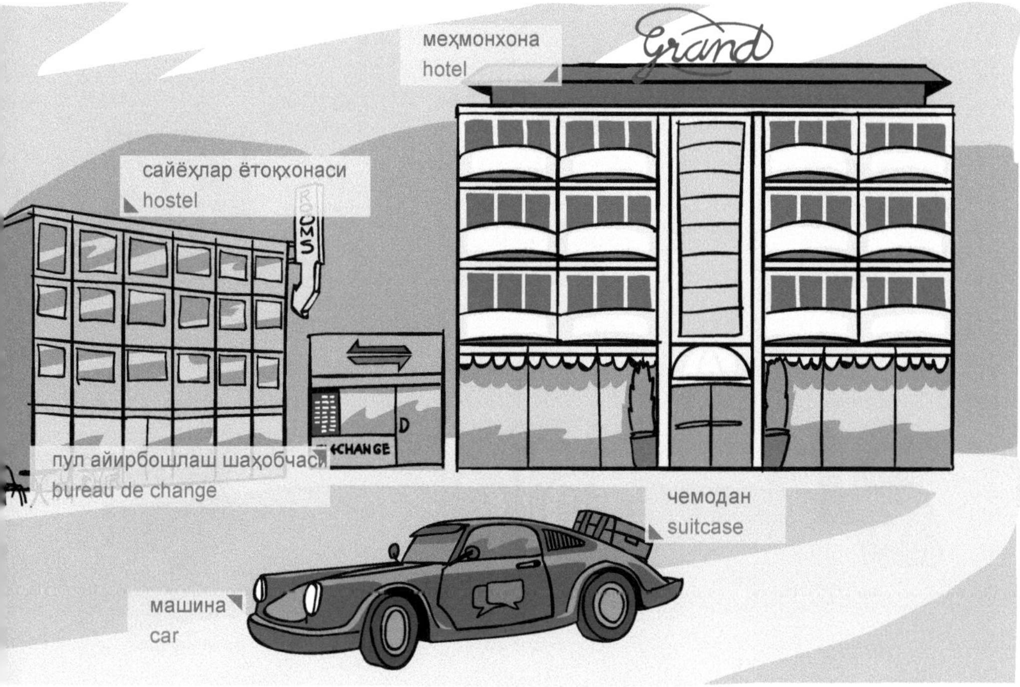

тил

language

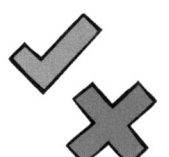

ҳа / йўқ

yes / no

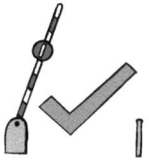

Хўп

Okay

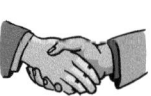

салом

hello

таржимон

translator

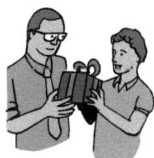

Раҳмат

Thank you

неча пул...?

how much is...?

Тушунмадим

I do not understand

муаммо

problem

Хайрли кеч!

Good evening!

Хайрли тонг!

Good morning!

Хайрли тун!

Good night!

кўришгунча

bye bye

йўналиш

direction

йўловчи юки

luggage

сафархалта

bag

юк халта

backpack

меҳмон

guest

хона

room

уйқуқоп

sleeping bag

чодир

tent

саёҳларга маълумот
бериш столи
tourist information

пляж

beach

омонат карта

credit card

нонушта

breakfast

нонушта

lunch

кечки овқат

dinner

чипта

ticket

лифт

lift

марка

stamp

чегара

border

божхона

customs

элчихона

embassy

виза

visa

паспорт

passport

транспорт
transport

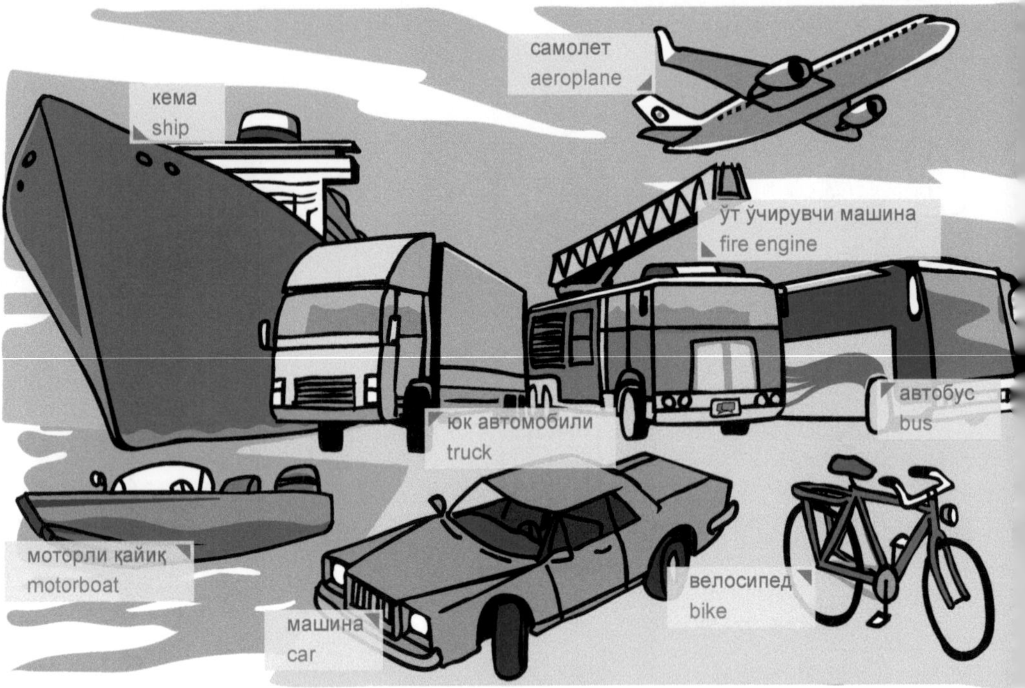

самолет
aeroplane
кема
ship
ўт ўчирувчи машина
fire engine
автобус
bus
юк автомобили
truck
моторли қайиқ
motorboat
велосипед
bike
машина
car

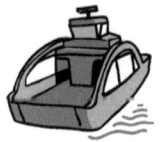

солсимон ясси кема

ferry

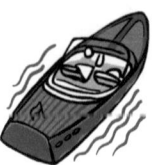

қайиқ

boat

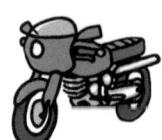

мотоцикл

motorbike

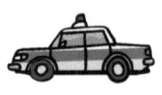

посбон машинаси

police car

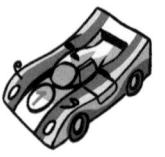

пойга машинаси

racing car

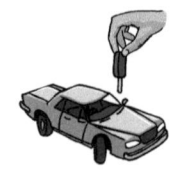

ижарага олинган автоулов

rental car

автоижара

car sharing

шатакка олувчи юк
автомобили

breakdown truck

ахлат машинаси

refuse truck

мотор

motor

ёқилғи

fuel

ёқилғи қуйиш шаҳобчаси

petrol station

йўл белгиси

traffic sign

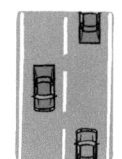

йўл ҳаракати

traffic

тирбанд

traffic jam

автомобил тўхтаб туриш
жойи

car park

поезд бекати

train station

рельс

tracks

поезд

train

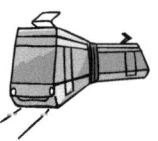

трамвай

tram

вагон

carriage

вертолёт

helicopter

аэропорт

airport

минора

tower

йўловчи

passenger

контейнер

container

қоғоз қути

carton

аравача

cart

сават

basket

учмоқ / қўнмоқ

take off / land

шаҳар

city

қишлоқ

village

шаҳар маркази

city centre

уй

house

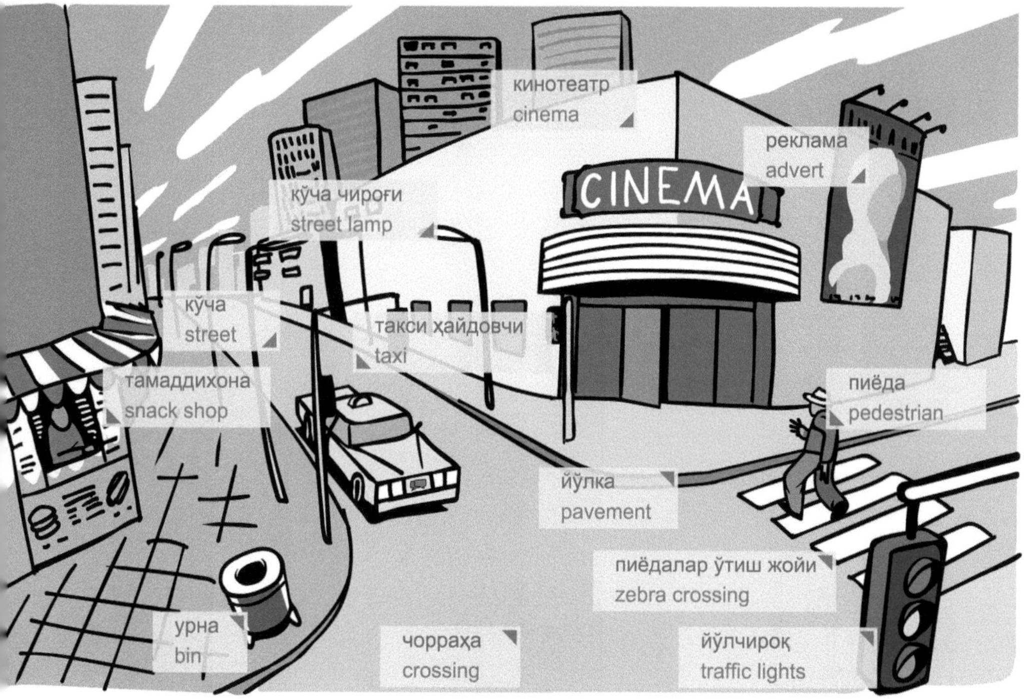

кинотеатр
cinema

реклама
advert

кўча чироғи
street lamp

CINEMA

кўча
street

такси ҳайдовчи
taxi

тамаддихона
snack shop

пиёда
pedestrian

йўлка
pavement

пиёдалар ўтиш жойи
zebra crossing

урна
bin

чорраҳа
crossing

йўлчироқ
traffic lights

кулба

hut

квартира

flat

поезд бекати

train station

маҳаллий ҳокимият
биноси
town hall

музей

museum

мактаб

school

олийгоҳ

university

банк

bank

шифохона

hospital

меҳмонхона

hotel

дорихона

pharmacy

идора

office

китоб дўкони

book shop

дўкон

shop

гул дўкони

florist's

супермаркет

supermarket

бозор

market

универмаг

department store

балиқ дўкони

fishmonger's

савдо маркази

shopping centre

бандаргоҳ

harbour

истироҳат боғи

park

банк

bench

кўприк

bridge

зинапоя

stairs

метро

underground

ер ости йўли

tunnel

автобус бекати

bus stop

бар

bar

ресторан

restaurant

почта қутиси

postbox

кўча ёзув осма тахтаси

street sign

тўхтаб туриш вақтини ҳисоблагич

parking meter

ҳайвонот боғи

zoo

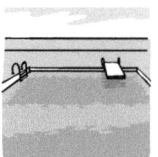

бассейн

swimming pool

масжид

mosque

чорвачилик хўжалиги
farm

атроф-муҳит
ифлосланиши
pollution

қабристон
graveyard

ибодатхона
church

болалар ўйингоҳи
playground

эҳром
temple

манзара
landscape

япроқ
leaf

йўлкўрсатгич
signpost

йўп
way

утлоқ
meadow

тош
stone

дарахт
tree

пиёда сайёҳ
hiker

дарё
river

майса
grass

гул
flower

водий

valley

қир

hill

кўл

lake

ўрмон

forest

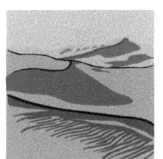

чўл

desert

вулкан

volcano

қалъа

castle

камалак

rainbow

қўзиқорин

mushroom

пальма дарахти

palm tree

пашша

mosquito

чивин

fly

чумоли

ant

асалари

bee

ўргимчак

spider

кўнғиз

beetle

қурбақа

frog

олмахон

squirrel

типратикон

hedgehog

қуён

hare

укки

owl

қуш

bird

оққуш

swan

эркак чўчқа

boar

буғу

deer

бутоқ шохли кийик

moose

тўғон

dam

шамол генератори

wind turbine

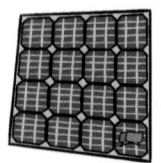

қуёш батареяси

solar panel

иқлим

climate

ресторан

restaurant

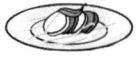

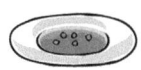

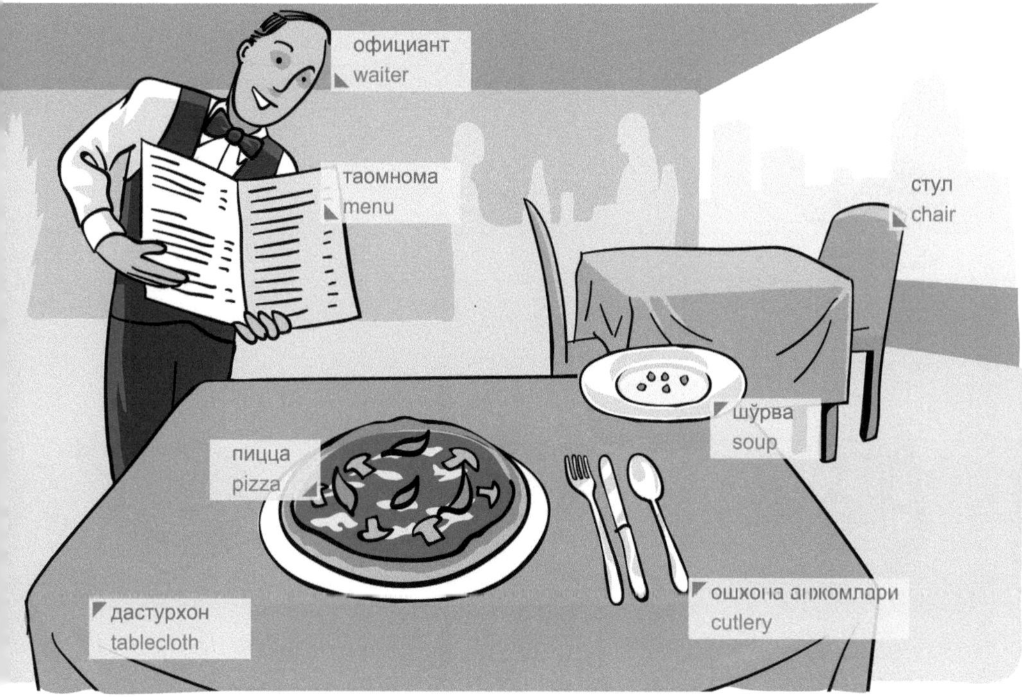

официант
waiter
таомнома
menu
стул
chair
шўрва
soup
пицца
pizza
ошхона анжомлари
cutlery
дастурхон
tablecloth

газак

starter

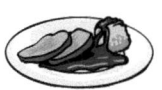

асосий таом

main course

десерт

dessert

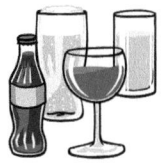

ичимликлар

drinks

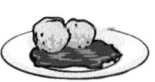

таом

food

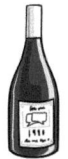

бутилка

bottle

тез пишар таом

fast food

кўча таоми

street food

чойнак

teapot

шакардон

sugar bowl

порция

portion

эспрессо кофе машинаси

espresso machine

болалар курсичаси

high chair

ҳисоб

bill

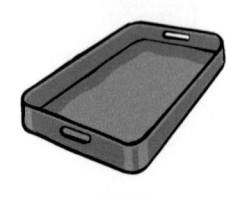

лаган

tray

пичоқ

knife

санчқи

fork

қошиқ

spoon

чой қошиқ

teaspoon

кўл сочиқ

serviette

стакан

glass

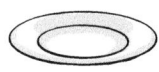

ликоп

plate

шӯрва коса

soup plate

тақсимча

saucer

қайла

sauce

туздон

salt pot

қалампир янчгич

pepper mill

сирка

vinegar

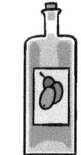

ёғ

oil

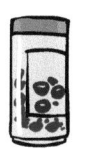

зираворлар

spices

кетчуп

ketchup

хантал

mustard

майонез

mayonnaise

супермаркет
supermarket

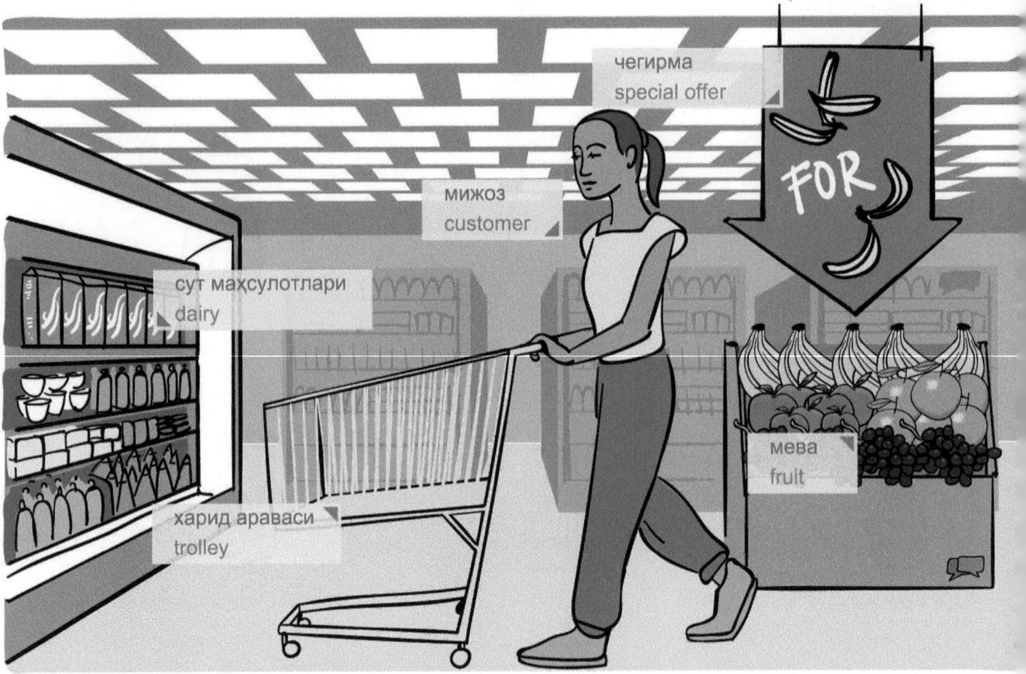

чегирма
special offer
FOR
мижоз
customer
сут маҳсулотлари
dairy
мева
fruit
харид араваси
trolley

BUTCHERS

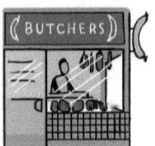

қассобхона

butcher´s

BAKERY

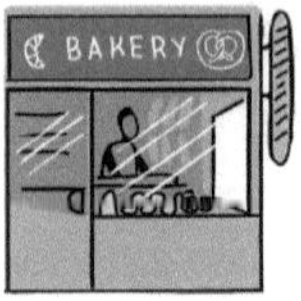

нонвойхона

baker´s

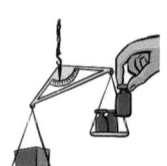

тарозида ўлчамоқ

weigh

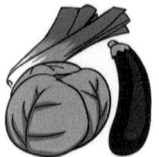

сабзавот

vegetables

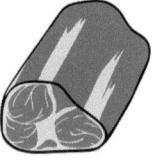

гўшт

meat

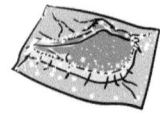

музлатилган таомлар

frozen food

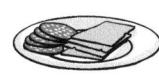

яхна гўшт

cold meat

консерва

tinned food

кир ювиш воситаси

washing powder

ширинликлар

sweets

кундалик истеъмол моллар

household products

ювиш воситалари

cleaning products

сотувчи

salesperson

касса аппарати

till

ғазначи

cashier

харид рўйхати

shopping list

иш вақти

opening hours

ҳамён

wallet

омонат карта

credit card

халта

bag

целлофан халта

plastic bag

сув

water

шарбат

juice

сут

milk

кока-кола

coke

вино

wine

пиво

beer

спиртли ичимлик

alcohol

какао

cocoa

чой

tea

кофе

coffee

эспрессо

espresso

капучино

cappuccino

банан

banana

олмахон

apple

апельсин

orange

қовун

melon

лимон

lemon

сабзи

carrot

саримсоқ

garlic

бамбук

bamboo

пиёз

onion

қўзиқорин

mushroom

ёнғоқ

nuts

лағмон

noodles

спагетти

spaghetti

гуруч

rice

салат

salad

картошка-фри

chips

қовурилган картошка

fried potatoes

пицца

pizza

гамбургер

hamburger

сэндвич

sandwich

тўқмоқланган тўш қиймаси

cutlet

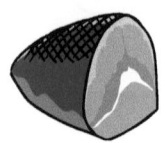

дудланган чўчқа гўшти

ham

салями колбасаси

salami

сосиска

sausage

товуқ гўшти

chicken

қовурилган

roast

балиқ

fish

сули бўтқаси

porridge oats

мюсли

muesli

маккажўхори ёрмаси

cornflakes

ун

flour

француз булочкаси

croissant

булочка

bread roll

нон

bread

қизартирилган нон бўлаги

toast

пиширик

biscuits

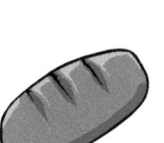

сариёғ

butter

творог

curd

пирог

cake

тухум

egg

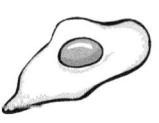

қовурилган тухум

fried egg

пишлоқ

cheese

музқаймоқ

ice cream

шакар

sugar

асал

honey

мураббо

jam

шоколад пастаси

chocolate spread

зарчава

curry

чорвачилик хўжалиги

farm

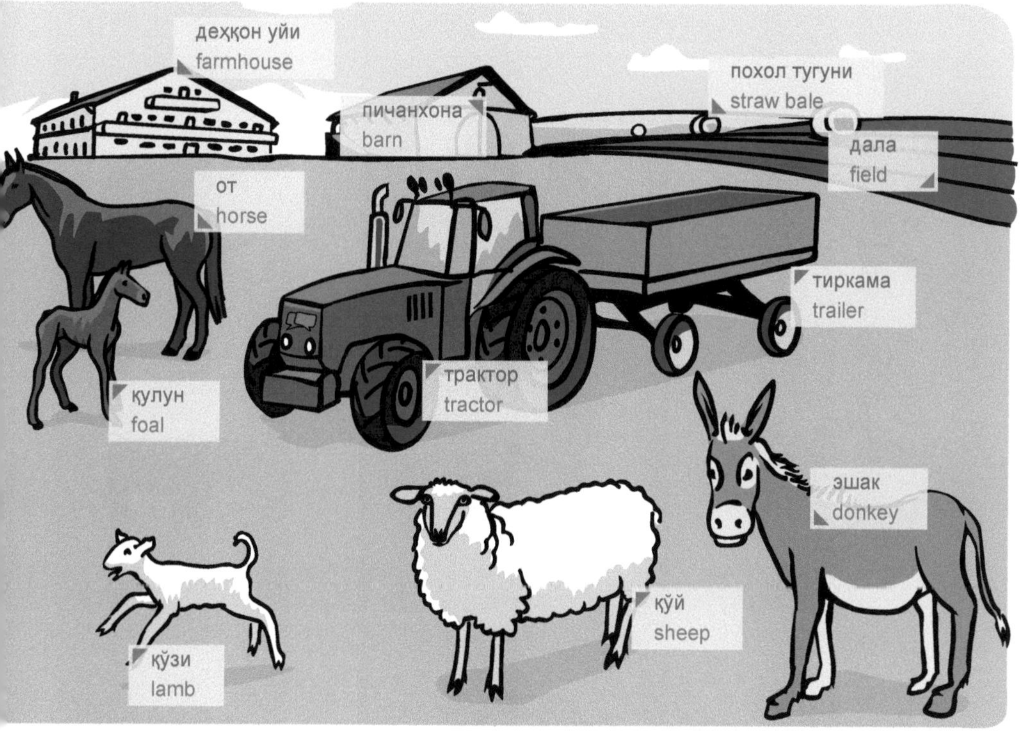
деҳқон уйи
farmhouse
пичанхона
barn
похол тугуни
straw bale
дала
field
от
horse
тиркама
trailer
трактор
tractor
қулун
foal
эшак
donkey
қўй
sheep
қўзи
lamb

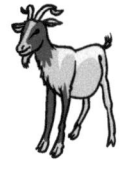

эчки

goat

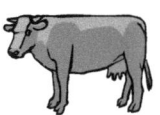

сигир

cow

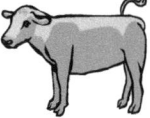

бузоқ

calf

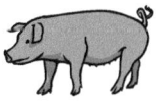

чўчқа

pig

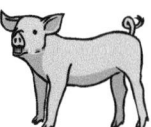

чўчқа боласи

piglet

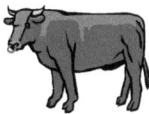

буқа

bull

ғоз

goose

ўрдак

duck

жўжа

chick

товуқ

hen

хўроз

cock

каламуш

rat

мушук

cat

сичқон

mouse

хўкиз

ox

ит

dog

каталак

doghouse

ҳовли боғ шланги

garden hose

гулчелак

watering can

белўроқ

scythe

темир омоч

plough

қўлўроқ

sickle

чопқи

hoe

паншаха

pitchfork

болта

axe

ғалтакарава

wheelbarrow

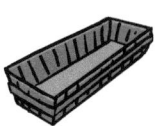

охур

trough

сут бидони

milk can

тўрва

sack

панжара

fence

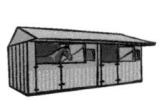

оғилхона

stable

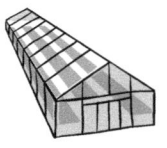

иссиқхона

greenhouse

тупроқ

soil

уруғ

seed

ўғит

fertilizer

комбайн

combine harvester

ҳосил олмоқ

harvest

йиғим-терим

harvest

ямс

yams

буғдой

wheat

соя

soy

картошка

potato

маккажўхори

corn

рапс уруғи

rapeseed

мевали дарахт

fruit tree

маниок

cassava

ёрма

cereals

уй

house

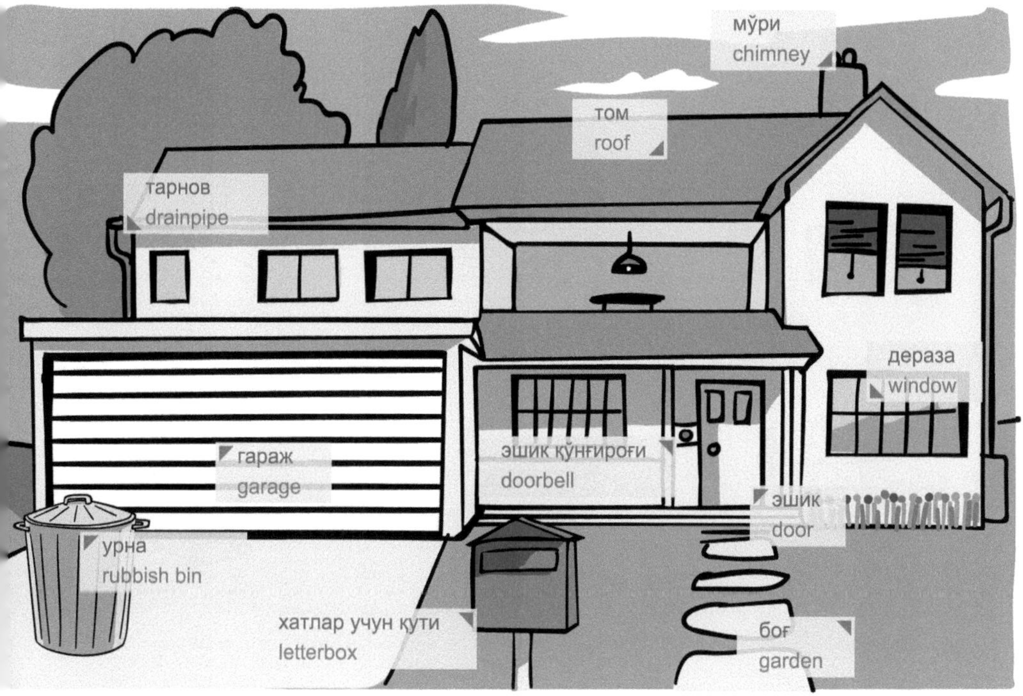
мўри
chimney
том
roof
тарнов
drainpipe
дераза
window
гараж
garage
эшик қўнғироғи
doorbell
эшик
door
урна
rubbish bin
хатлар учун қути
letterbox
боғ
garden

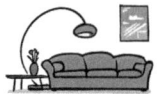

меҳмонхона

living room

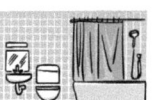

ваннахона

bathroom

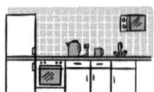

ошхона

kitchen

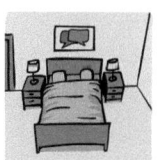

ётоқхона

bedroom

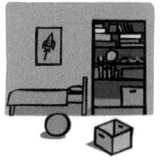

болалар хонаси

child's room

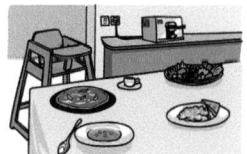

ошхона

dining room

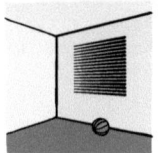

пол

floor

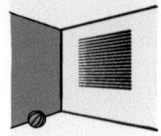

девор

wall

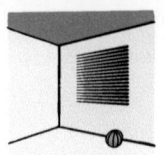

шип

ceiling

подвал

cellar

сауна

sauna

болохона айвони

balcony

айвон

terrace

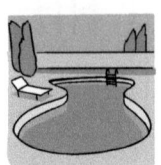

бассейн

pool

ўт ўргич машина

lawn mower

кўрпажилд

sheet

чойшаб

bedspread

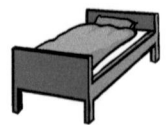

кроват

bed

супурги

broom

пақир

bucket

мурват

switch

меҳмонхона
living room

гулқоғоз
wallpaper
сурат
picture
чироқ
lamp
токча
shelf
жавон
cupboard
телевизор
television
ўчоқ
fireplace
гул
flower
ёстиқ
cushion
диван
sofa
гулдон
vase
масофадан бошқариш пульти
remote control

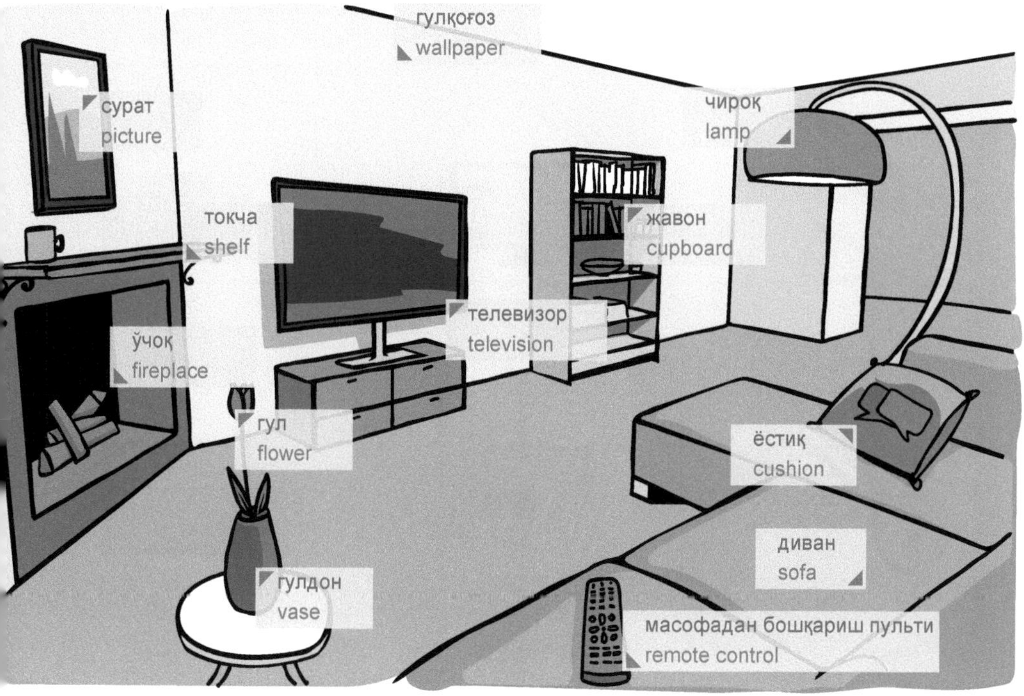

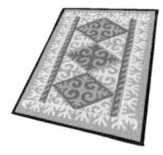

гилам
carpet

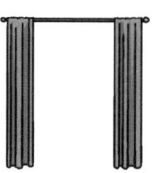

парда
curtain

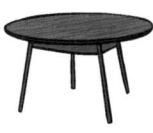

стол
table

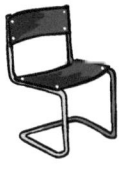

стул
chair

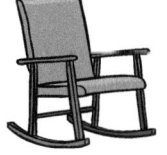

тебранма курси
rocking chair

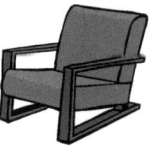

кресло
armchair

китоб

book

кўрпа

blanket

ҳашам

decoration

ўтин

firewood

кино

film

стерео курилма

hi-fi equipment

калит

key

рўзнома

newspaper

расм

painting

плакат

poster

радио

radio

ён дафтар

notepad

чанг ютгич

hoover

кактус

cactus

шам

candle

ошхона
kitchen

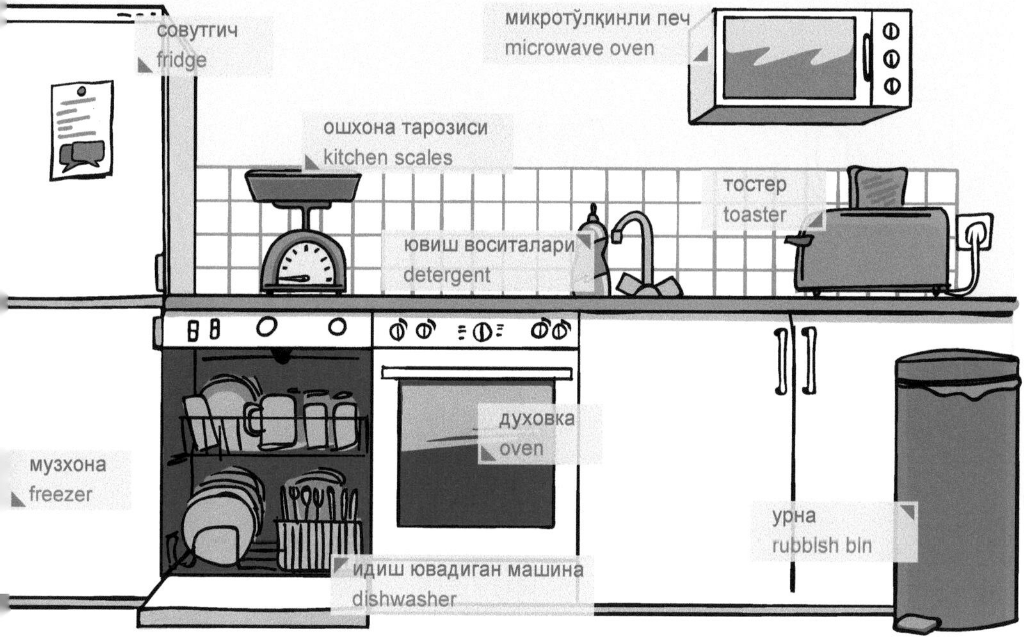
совутгич
fridge
микротўлқинли печ
microwave oven
ошхона тарозиси
kitchen scales
тостер
toaster
ювиш воситалари
detergent
духовка
oven
музхона
freezer
урна
rubbish bin
идиш ювадиган машина
dishwasher

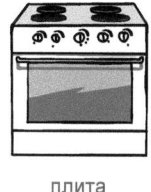

плита

cooker

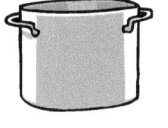

кастрюль

pot

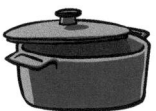

чўян қозон

cast-iron pot

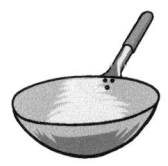

бўртма тубли това

wok / kadai

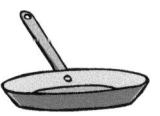

това

pan

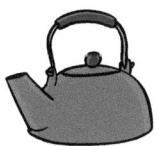

човгун

kettle

мантиқасқон

steamer

тунука това

baking tray

идиш

crockery

кружка

mug

коса

bowl

таом ейиш таёқчалари

chopsticks

чўмич

ladle

куракча

spatula

кўпиртиргич

whisk

элак

strainer

элак

sieve

қирғич

grater

ҳовонча

mortar

гриль

barbecue

олов

open fire

оштахта

chopping board

жува

rolling pin

пармасимон тиқин очгич

corkscrew

консерва

can

консерва очгич

can opener

тутгич

pot holder

унитаз

sink

идиш чўтка

brush

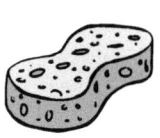

қозонсочиқ

sponge

қориштиргич

blender

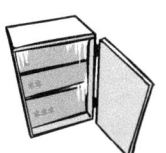

музлатгич

deep freezer

сўрғичли чақалоқ
бутилкаси

baby bottle

кран

tap

ваннахона
bathroom

иситиш тизими
heating
сочиқ
towel
душ
shower
дарпарда
shower curtain
кўпикли ванна
bubble bath
ванна
bathtub
стакан
glass
кир ювиш машинаси
washing machine
кран
tap
кафель
tiles
тувак
potty
унитаз
sink

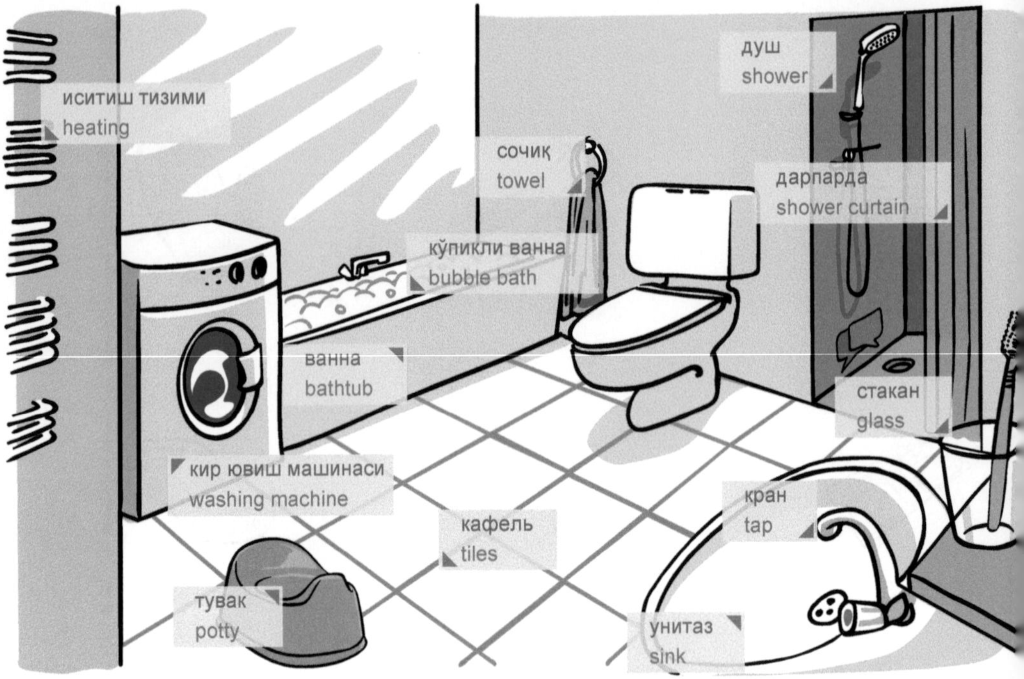

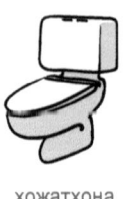

ҳожатхона

toilet

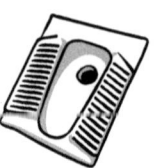

полга ўрнатиладиган унитаз

squat toilet

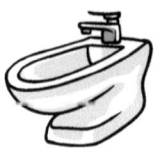

таҳоратдон

bidet

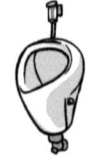

сийдик унитази

urinal

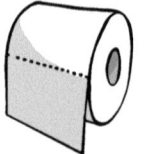

ҳожатхона қоғози

toilet paper

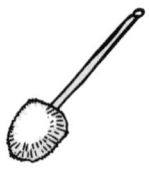

ҳожатхона чўткаси

toilet brush

тиш чўтка

toothbrush

тиш пастаси

toothpaste

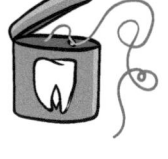

тиш тозалагич ип

dental floss

ювмоқ

wash

дастакли душ

handheld shower

таҳорат учун душ

douche

тоғора

basin

елка қашлайдиган чўтка

back brush

совун

soap

душ учун гель

shower gel

шампунь

shampoo

мочалка

flannel

қувур

drain

крем

cream

дезодарант

deodorant

кўзгу

mirror

қўл кўзгуси

hand mirror

устара

razor

устара учун кўпик

shaving foam

салқинлантирувчи
бальзам
aftershave

тароқ

comb

чўтка

brush

фен

hair dryer

соч учун лак

hairspray

пардоз-андоз

makeup

лаб учун помада

lipstick

тирноқ лаки

nail varnish

пахта

cotton wool

тирноқ қайчиси

nail scissors

духи

perfume

пардоз-андоз халтаси

washbag

курси

stool

тарози

weighing scale

чўмилиш халати

bathrobe

резина қўлқоп

rubber gloves

тампон

tampon

гигиеник таглик

sanitary towel

биохожатхона

chemical toilet

болалар хонаси

child's room

бонг соат
alarm clock
юмшоқ ўйинчоқ
cuddly toy
ўйинчоқ машина
toy car
шақилдоқ
rattle
қўғирчоқ уй
doll's house
совға
present

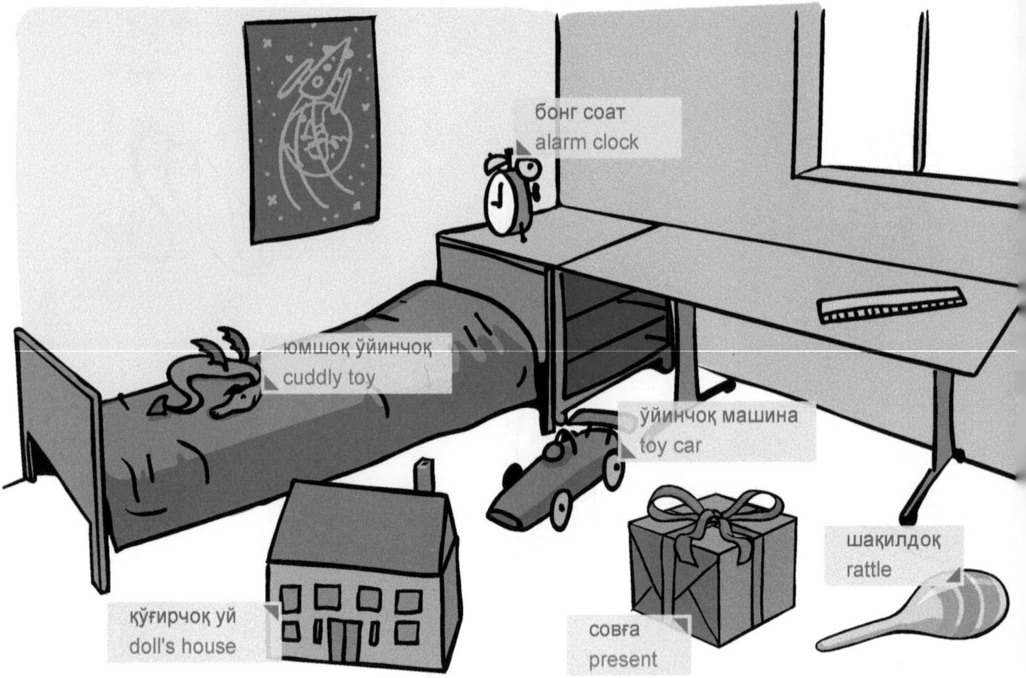

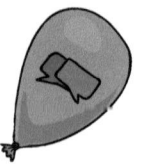

шар

balloon

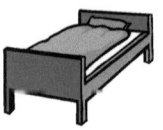

кроват

bed

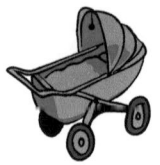

болалар аравачаси

pram

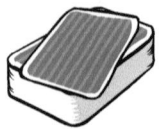

карта тўплами

deck of cards

терма тасвир

jigsaw

SUPER
MEGA

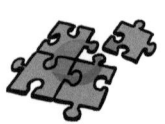

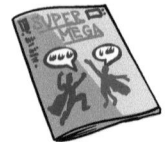

кулгили саҳна асари

comic

лего ғиштлари

lego bricks

ўйинчоқ кубиклар

building blocks

ўйинчоқ қаҳрамон

action figure

ползунка

babygrow

учар ликопча

frisbee

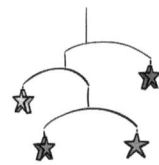

осма шақилдоқ

mobile

стол ўйини

board game

ошиқ

dice

поезд макети

model train set

сўрғич

dummy

ўтириш

party

расмли китоб

picture book

копток

ball

қўғирчоқ

doll

ўйнамоқ

play

қумдон

sandpit

арғимчоқ

swing

ўйинчоқлар

toys

ўйин приставкаси

video game console

уч ғилдиракли велосипед

tricycle

бахмал айиқ

teddy bear

кийим шкафи

wardrobe

кийим

clothing

пайпоқ

socks

чулки

stockings

колготка

tights

шарф
scarf

камар
belt

соябон
umbrella

футболка
t-shirt

ботинка
boots

тапочка
slippers

кроссовка
trainers

шиппак
....
sandals

туфли
....
shoes

резина этик
....
rubber boots

тор турсик
....
underpants

кўкракпеч
....
bra

майка
vest

боди

body

иштон

trousers

жинси

jeans

юбка

skirt

кофта

blouse

кўйлак

shirt

жемпер

pullover

узун чакмон

hoodie

спорт бичимидаги пиджак

blazer

куртка

jacket

пальто

coat

плаш

raincoat

либос

costume

кўйлак

dress

келин кўйлак

wedding dress

костюм шим

suit

тунги кўйлак

nightgown

пижама

pyjamas

сари

sari

шолрўмол

headscarf

салла

turban

паранжи

burqa

чакмон

kaftan

абая

abaya

чўмилиш костюми

swimsuit

турсик

trunks

шортик

shorts

спорт костюми

tracksuit

фартук

apron

қўлқоп

gloves

тугма

button

кўзойнак

glasses

билагузук

bracelet

мунчоқ

necklace

узук

ring

сирға

earring

кепка

cap

пальто илгак

coat hanger

шляпа

hat

бўйинбоғ

tie

замок

zip

дубулға

helmet

шим тортгич

braces

мактаб формаси

school uniform

форма

uniform

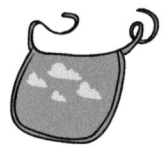

ошхўрак

bib

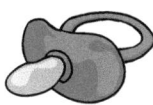

сўрғич

dummy

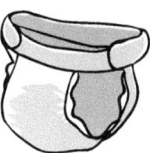

таглик

nappy

идора

office

сервер
server
қоғоз-ҳужжатлар шкафи
filing cabinet
принтер
printer
қоғоз
paper
экран
monitor
сичқонча
mouse
иш столи
desk
папка
folder
клавиатура
keyboard
урна
waste-paper basket
компьютер
computer
стул
chair

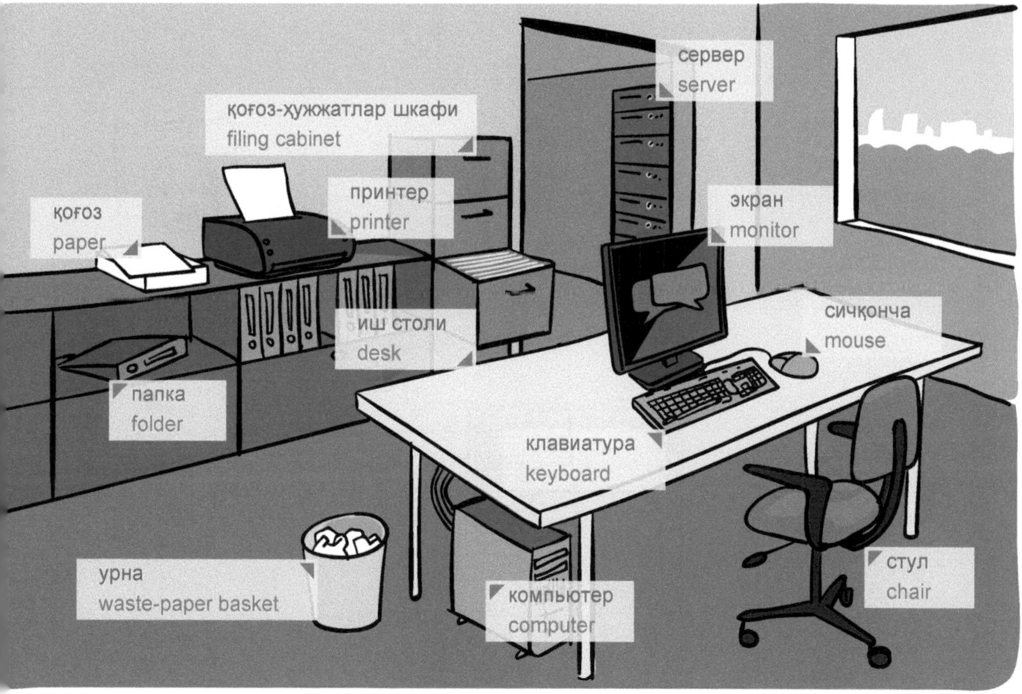

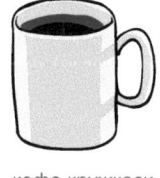

кофе кружкаси

coffee mug

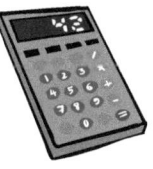

калькулятор

calculator

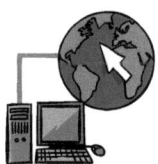

интернет

internet

ноутбук

laptop

хат

letter

мактуб

message

уяли телефон

mobile

тармоқ

network

нусха кўчиргич

photocopier

дастур

software

телефон

telephone

розетка

plug socket

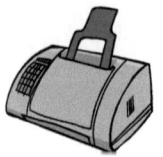

факс

fax machine

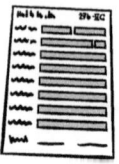

шакллар

form

ҳужжат

document

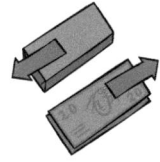

харид қилмоқ

buy

тўламоқ

pay

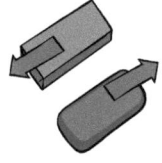

савдолашмоқ

trade

пул

money

 **USD**

доллар

dollar

 **EUR**

евро

euro

 **JPY**

йен

yen

 **RUB**

рубль

rouble

 **CHF**

швейцар франки

Swiss franc

 **CNY**

Кэньминьби хитой юани

renminbi yuan

 **INR**

рупи

rupee

банкомат

cashpoint

пул айирбошлаш
шаҳобчаси
bureau de change

олтин
gold

кумуш
silver

нефт
oil

энергия
energy

нарх
price

шартнома
contract

солиқ
tax

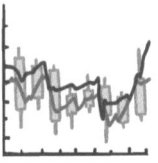

акция
stock

ишламоқ
work

ишчи
employee

иш берувчи
employer

завод
factory

дўкон
shop

касблар
occupations

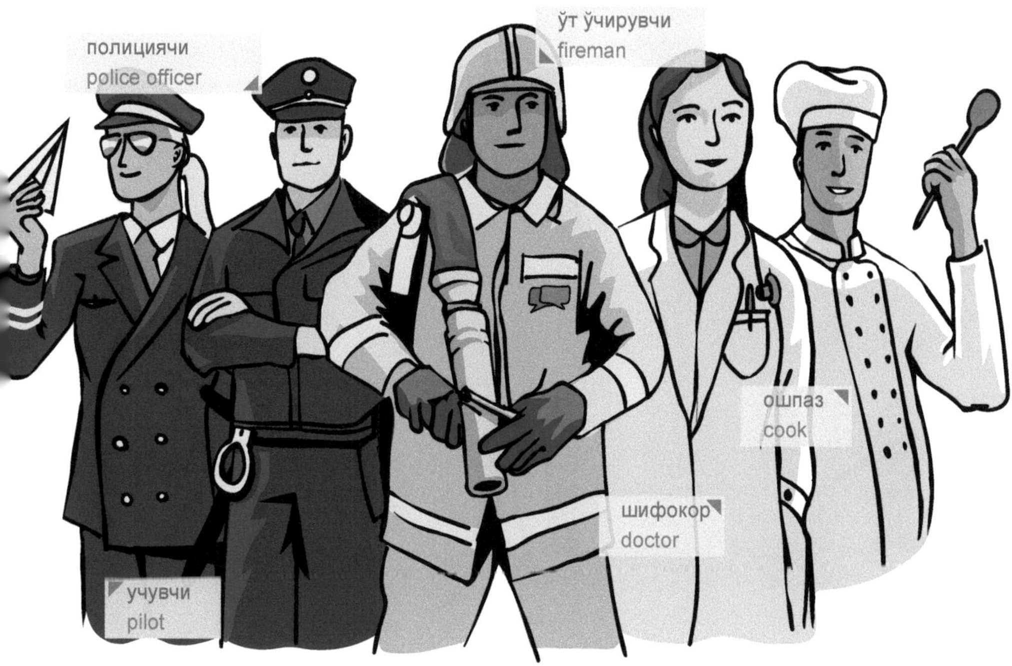
полициячи
police officer
ўт ўчирувчи
fireman
ошпаз
cook
шифокор
doctor
учувчи
pilot

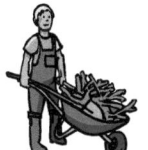

боғбон

gardener

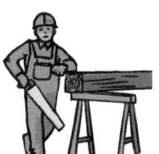

дурадгор

carpenter

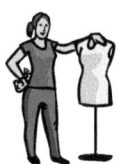

тикувчи

seamstress

ҳакам

judge

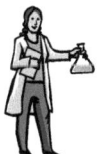

кимёгар

chemist

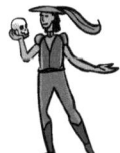

актёр

actor

автобус ҳайдовчиси

bus driver

такси ҳайдовчи

taxi driver

балиқчи

fisherman

фаррош

cleaning lady

том устаси

roofer

официант

waiter

овчи

hunter

бўёқчи

painter

нонвой

baker

электр устаси

electrician

қурувчи

builder

муҳандис

engineer

қассоб

butcher

сувчи чилангар

plumber

почтачи

postman

аскар

soldier

меъмор

architect

ғазначи

cashier

гулчи

florist

сартарош

hairdresser

чиптачи

conductor

механик

mechanic

капитан

captain

тиш шифокори

dentist

олим

scientist

яхудийлар руҳонийси

rabbi

имом

imam

роҳиб

monk

руҳоний

clergyman

асбоблар
tools

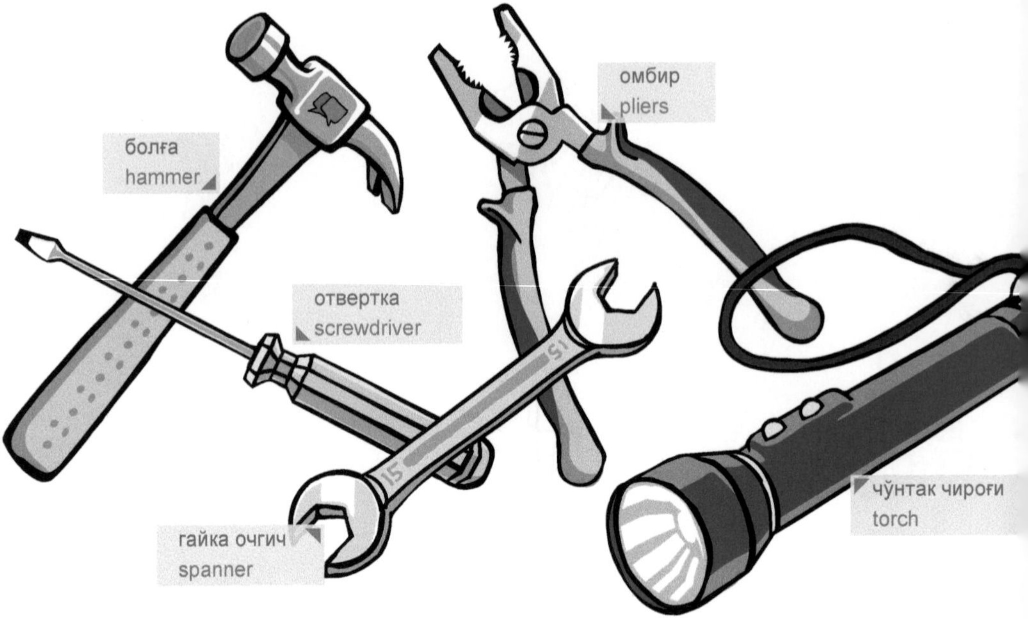
омбир
pliers
болға
hammer
отвертка
screwdriver
чўнтак чироғи
torch
гайка очгич
spanner

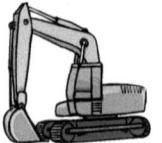

экскаватор

digger

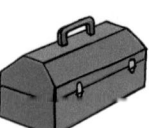

асбоблар қутиси

toolbox

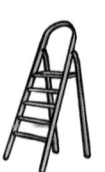

нарвон

ladder

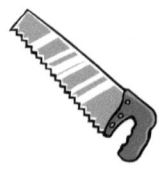

қўларра

saw

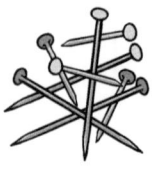

мих

nails

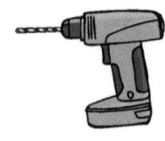

пармадаста

drill

тузатмоқ

repair

белкурак

shovel

Жин урсин!

Damn!

хокандоз

dustpan

бўёқ идиш

paint pot

бурама мих

screws

мусиқа асбоблари
musical instruments

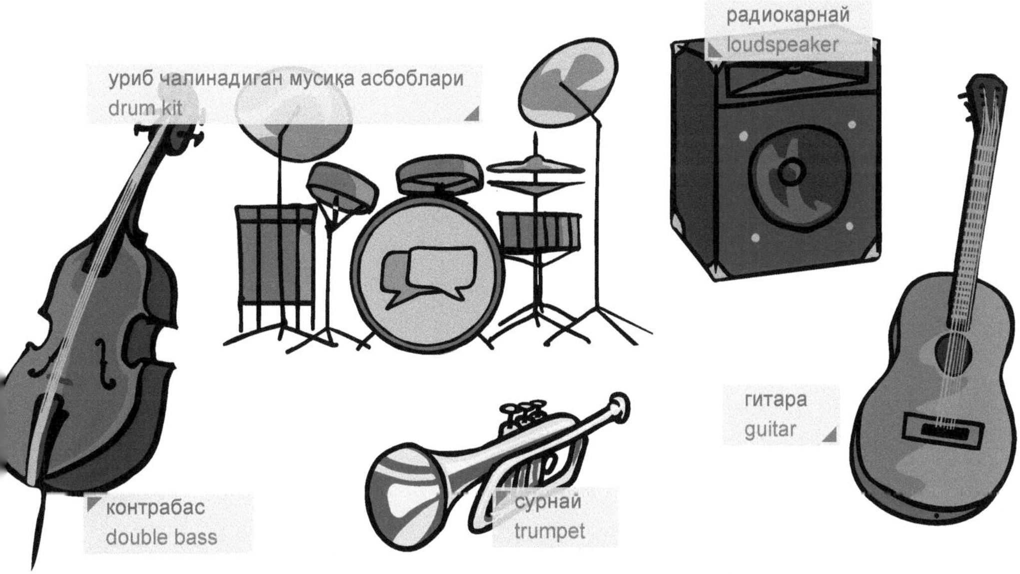

уриб чалинадиган мусиқа асбоблари
drum kit

радиокарнай
loudspeaker

гитара
guitar

контрабас
double bass

сурнай
trumpet

пианино

piano

ғижжак

violin

бас-гитара

bass

қўшноғора

timpani

дўмбира

drums

клавиатура

keyboard

саксофон

saxophone

най

flute

микрофон

microphone

ҳайвонот боғи

zoo

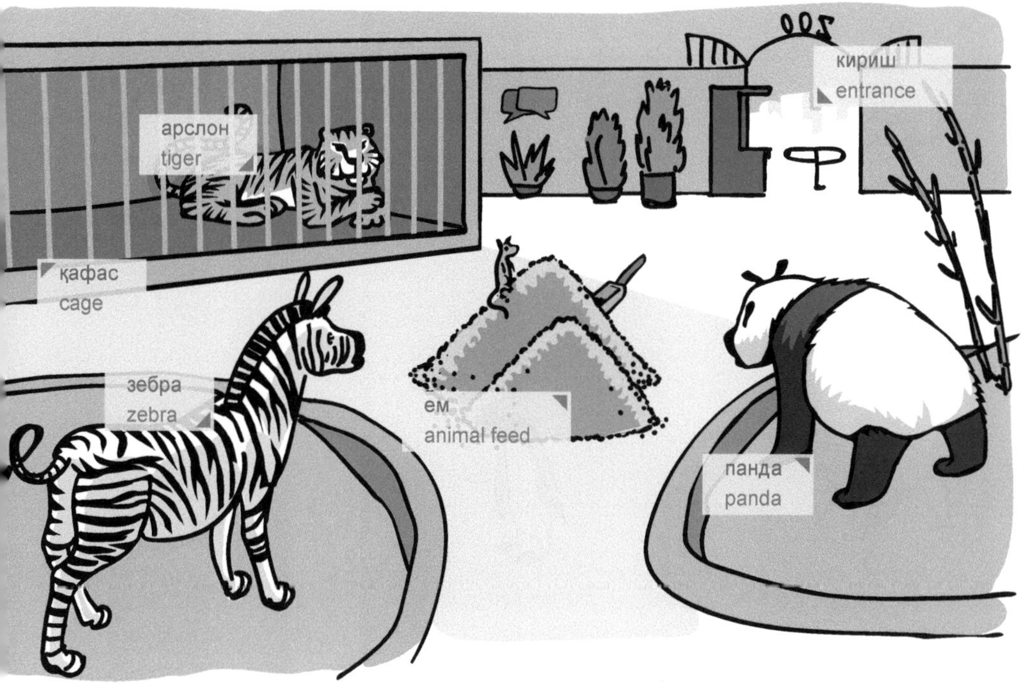

арслон
tiger
кириш
entrance
қафас
cage
зебра
zebra
ем
animal feed
панда
panda

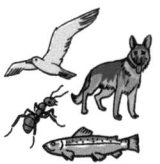

ҳайвонлар
animals

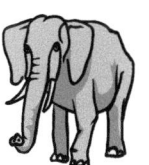

фил
elephant

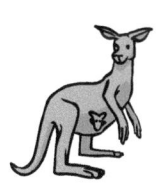

кенгуру
kangaroo

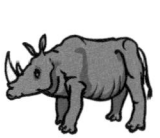

каркидон
rhino

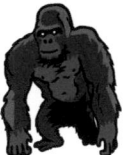

горилла
gorilla

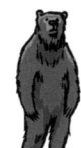

айиқ
bear

туя

camel

туякуш

ostrich

шер

lion

маймун

monkey

фламинго

flamingo

тӯти

parrot

оқ айиқ

polar bear

пингвин

penguin

акула

shark

товус

peacock

илон

snake

тимсоҳ

crocodile

ҳайвонот боғи қоровули

zookeeper

тюлень

seal

ягуар

jaguar

тўпичоқ от

pony

қоплон

leopard

бегемот

hippo

жирафа

giraffe

бургут

eagle

эркак чўчқа

boar

балиқ

fish

тошбақа

turtle

морж

walrus

тулки

fox

оху

gazelle

америка футболи
American football

велосипед ҳайдаш
cycling

теннис
tennis

баскетбол
basketball

сузиш
swimming

бокс
boxing

муз хоккейи
ice hockey

футбол

football

бадминтон

badminton

енгил атлетика

athletics

қўлтўпи

handball

чанғи учиш

skiing

поло

polo

кулмоқ
laugh

сакрамоқ
jump

қучмоқ
hug

юрмоқ
walk

куйламоқ
sing

ҳаёл қилмоқ
dream

ибодат қилмоқ
pray

ўпмоқ
kiss

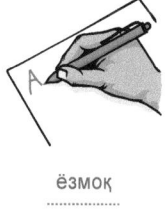

ёзмоқ

write

чизмоқ

draw

кўрсатмоқ

show

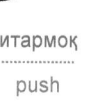

итармоқ

push

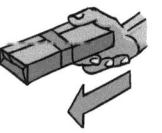

бермоқ

give

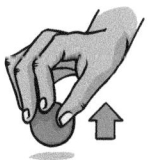

олмоқ

take

эга бўлмоқ

have

бажармоқ

do

бўлмоқ

be

турмоқ

stand

югурмоқ

run

тортмоқ

pull

улоқтирмоқ

throw

йиқилмоқ

fall

алдамоқ

lie

кутмоқ

wait

ташимоқ

carry

ўтирмоқ

sit

кийинмоқ

get dressed

ухламоқ

sleep

уйғонмоқ

wake up

қарамоқ

look at

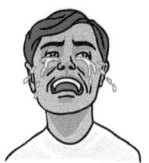

йиғламоқ

cry

зарба бермоқ

stroke

тарамоқ

comb

гаплашмоқ

talk

тушунмоқ

understand

сўрамоқ

ask

тингламоқ

listen

ичмоқ

drink

емоқ

eat

йиғиштирмоқ

tidy up

севмоқ

love

пиширмоқ

cook

ҳайдамоқ

drive

учмоқ

fly

кемада сузмоқ

sail

ҳисобламоқ

calculate

ўқимоқ

read

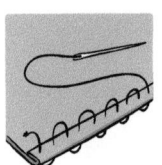

ўрганмоқ

learn

ишламоқ

work

турмуш қурмоқ

marry

тикмоқ

sew

тиш ювмоқ

brush teeth

ўлдирмоқ

kill

чекмоқ

smoke

йўлламоқ

send

оила
family

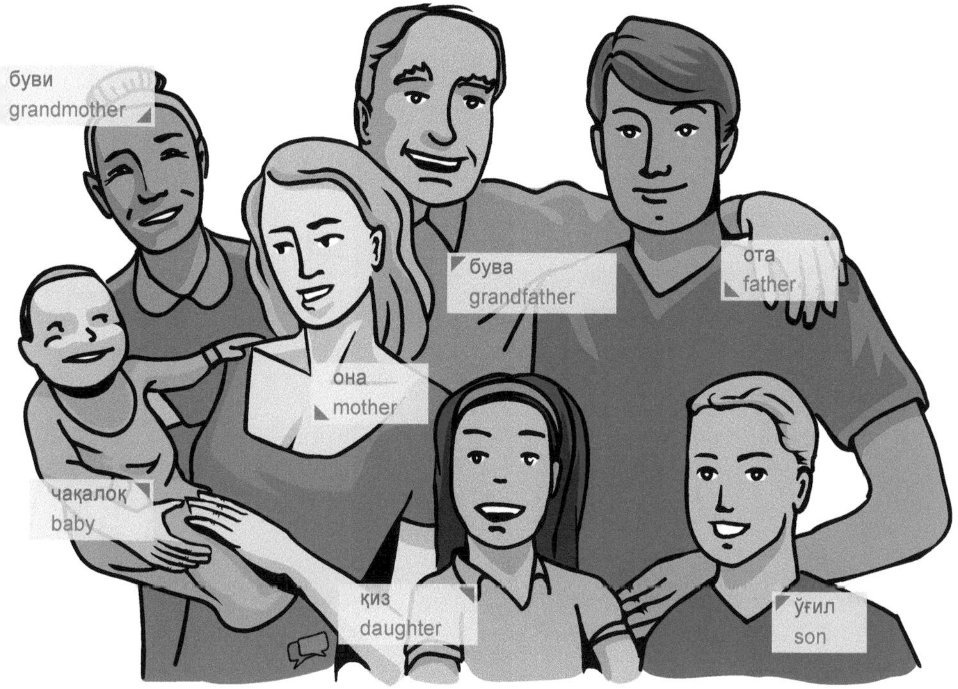

буви
grandmother
бува
grandfather
ота
father
она
mother
чақалоқ
baby
қиз
daughter
ўғил
son

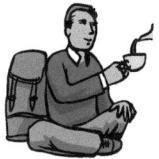

меҳмон

guest

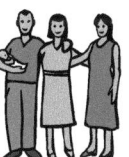

амма

aunt

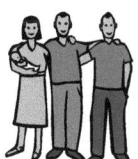

тоға

uncle

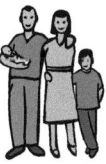

ака

brother

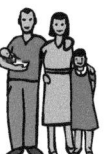

опа

sister

тана

body

пешона
forehead
кўз
eye
елка
shoulder
бармоқ
finger
юз
face
ияк
chin
қўл панжалари
hand
оёқ
leg
кўкрак
breast
қўл
arm

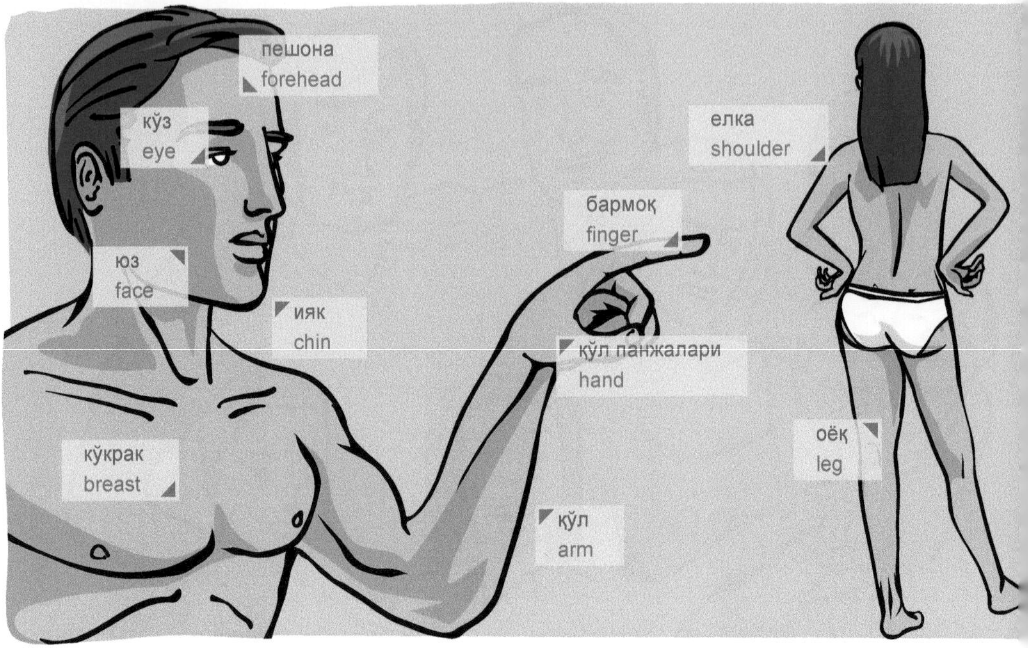

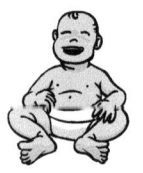

чақалоқ

baby

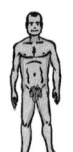

одам

man

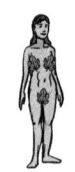

аёл

woman

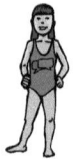

қиз бола

girl

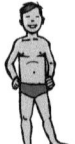

ўғил бола

boy

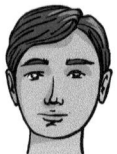

бош

head

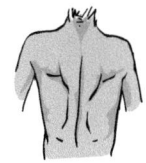

орқа

back

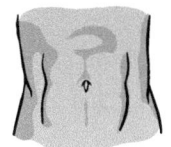

қорин

belly

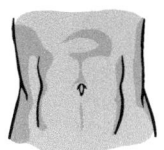

киндик

belly button

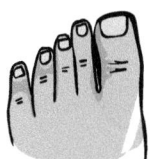

оёқ панжаси

toe

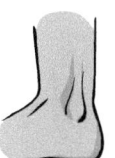

товон

heel

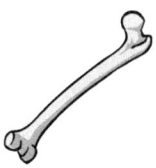

суяк

bone

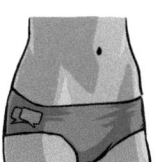

бел

hip

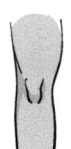

тизза

knee

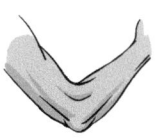

тирсак

elbow

бурун

nose

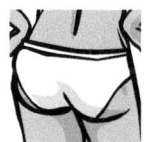

думба

bottom

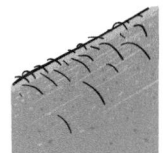

тери

skin

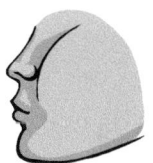

яноқ

cheek

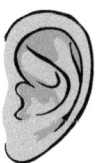

қулоқ

ear

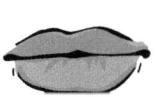

лаб

lip

оғиз

mouth

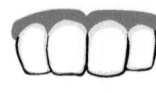

тиш

tooth

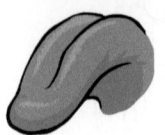

тил

tongue

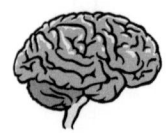

мия

brain

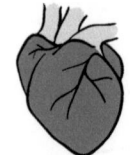

юрак

heart

мушак

muscle

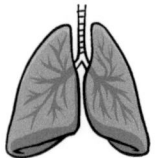

ўпка

lung

жигар

liver

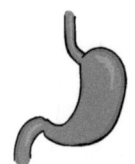

ошқозон

stomach

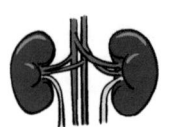

буйрак

kidneys

жинсий алоқа

sex

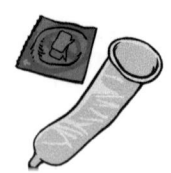

презерватив

condom

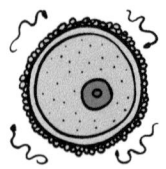

тухум ҳўжайра

ovum

уруғ

semen

ҳомиладорлик

pregnancy

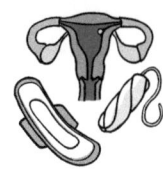

ҳайз

menstruation

бачадон

vagina

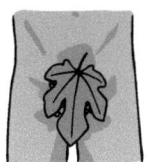

олат

penis

қош

eyebrow

соч

hair

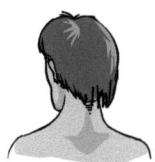

бўйин

neck

шифохона
hospital

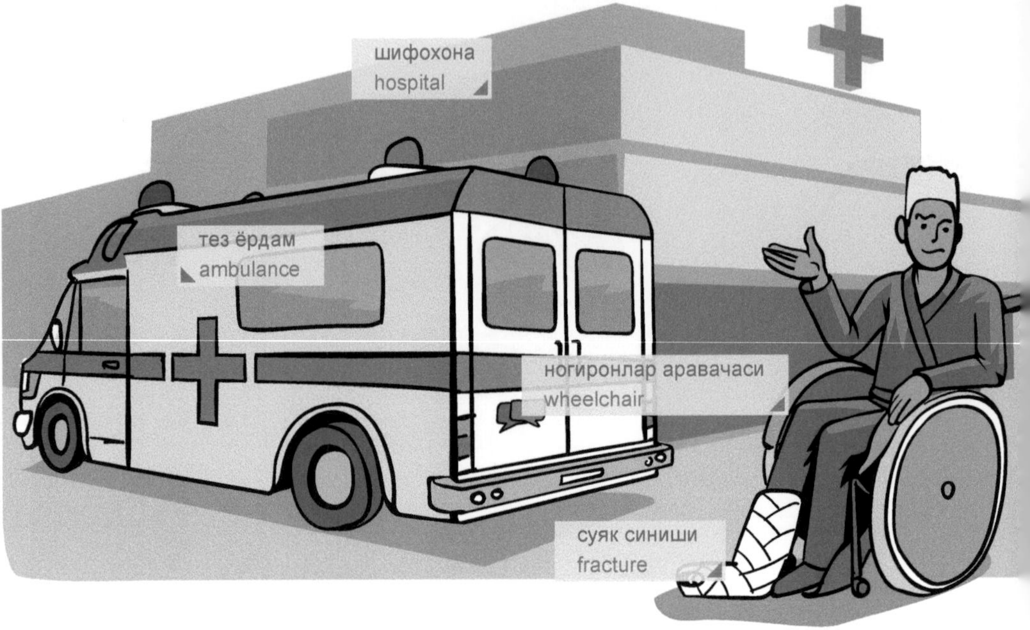

шифохона
hospital
тез ёрдам
ambulance
ногиронлар аравачаси
wheelchair
суяк синиши
fracture

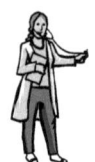

шифокор

doctor

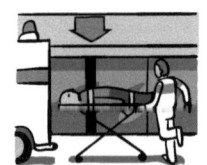

Шошилинч тиббий ёрдам кўрсатиш бўлими

emergency room

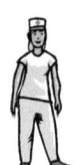

ҳамшира

nurse

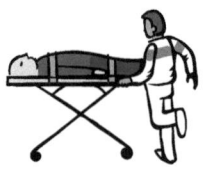

тез ёрдам

emergency

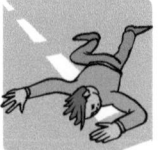

ҳушсизлик

unconscious

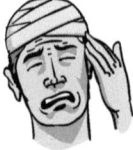

оғриқ

pain

жароҳат

injury

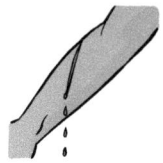

қонаш

bleeding

юрак хуружи

heart attack

инсульт

stroke

аллергия

allergy

йўтал

cough

иситма

fever

тумов

flu

ич кетиш

diarrhoea

бош оғриғи

headache

саратон касали

cancer

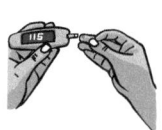

қандли диабет

diabetes

жарроҳ

surgeon

жарроҳ пичоғи

scalpel

жарроҳлик амалиёти

operation

томография

CT

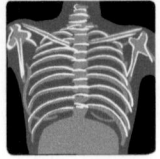

рентген

x-ray

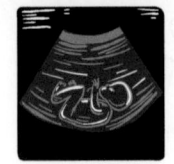

ултратовуш текшируви

ultrasound

юз ниқоби

face mask

касаллик

disease

қабулхона

waiting room

қўлтиқтаёқ

crutch

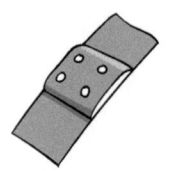

малҳамли пластир

plaster

бинт

bandage

укол

injection

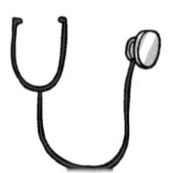

юрак урушини ва ўпкани
эшитиб кўрадиган асбоб

stethoscope

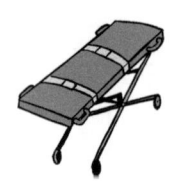

беморлар учун замбил

stretcher

термометр

clinical thermometer

туғруқ

birth

семизлик

overweight

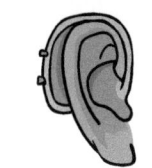

эшитиш мосламаси

hearing aid

дезинфекцияловчи восита

disinfectant

инфекция

infection

вирус

virus

ОИВ / ОИТС

HIV / AIDS

дори

medicine

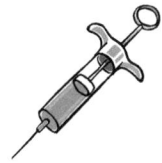

эмлаш

vaccination

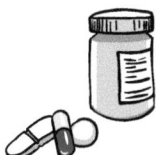

таблетка

tablets

дори

pill

тез ёрдам қўнғироғи

emergency call

қон босимини ўлчаш асбоби

blood pressure monitor

касал / соғлом

ill / healthy

шифохона - hospital

Ёрдам беринглар!

Help!

хавф-хатар ишораси

alarm

тажовуз

assault

хужум

attack

хавф

danger

фавкулодда ҳолатларда
чиқиш эшиги

emergency exit

Ёнғин!

Fire!

ўт ўчиргич

fire extinguisher

фалокат

accident

биринчи тиббий ёрдам
тўплами

first-aid kit

фалокат сигнали

SOS

полиция

police

Европа

Europe

Шимолий Америка

North America

Жанубий Америка

South America

Африка

Africa

Осиё

Asia

Австралия

Australia

Атлантик океани

Atlantic

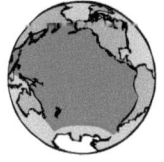

Тинч океани

Pacific

Ҳинд океани

Indian Ocean

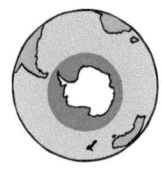

Антарктида океани

Antarctic Ocean

Арктика океани

Arctic Ocean

Шимолий қутб

North Pole

Жанубий қутб
South Pole

Антарктика
Antarctica

Ер
Earth

ўлка
land

денгиз
sea

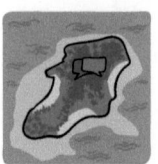

орол
island

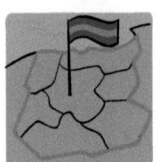

миллат
nation

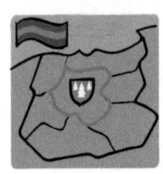

давлат
state

астрономик вақт
кўрсатгичи

clock face

соат мили

hour hand

дақиқа мили

minute hand

сония мили

second hand

Соат неча?

What time is it?

кун

day

вақт

time

ҳозир

now

рақамли соат

digital watch

дақиқа

minute

соат

hour

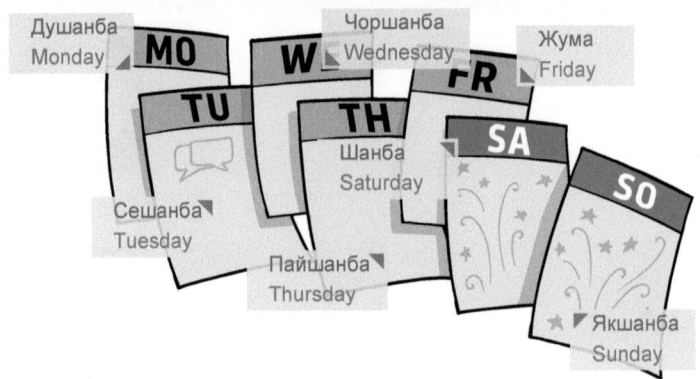

Душанба / Monday — MO
Чоршанба / Wednesday — W
Жума / Friday — FR
TU
TH
SA
Шанба / Saturday
SO
Сешанба / Tuesday
Пайшанба / Thursday
Якшанба / Sunday

кеча

yesterday

бугун

today

эртага

tomorrow

эрталаб

morning

пешин

noon

кечқурун

evening

иш кунлари

business days

дам олиш кунлари

weekend

йил

year

ёмғир
rain
камалак
rainbow
шамол генерат
wind
қор
snow
баҳор
spring
ёз
summer
куз
autumn
қиш
winter

4.APRIL 11°
5.APRIL 4°
6.APRIL 13°
7.APRIL 8°
8.APRIL 10°

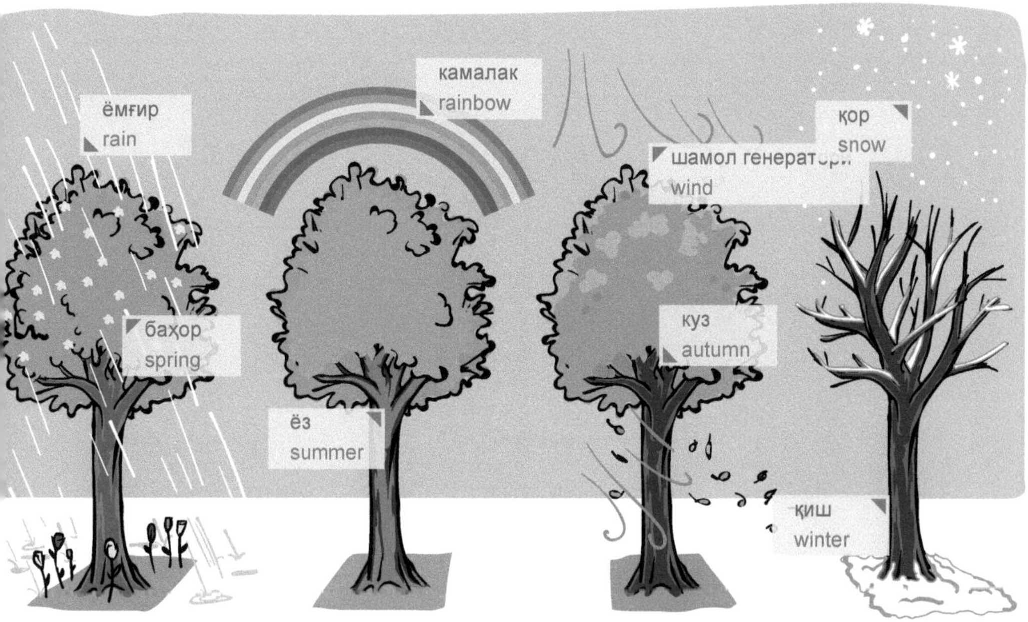

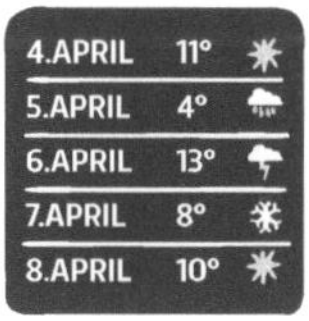

об-ҳаво маълумоти

weather forecast

F C
120 40
90 30
60 20
30 10
0 0
-30 -10
-20

термометр

thermometer

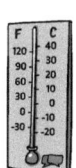

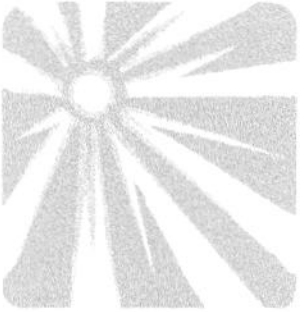

қуёшли

sunshine

булут

cloud

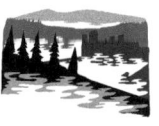

туман

fog

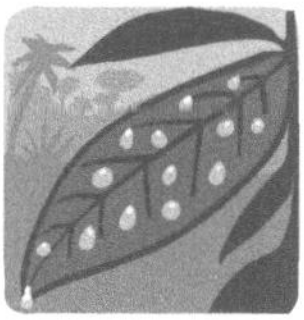

намгарчилик

humidity

чақмоқ

lightning

момоқалдироқ

thunder

бўрон

storm

дўл

hail

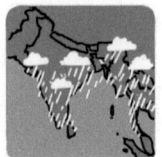

намгарчилик мавсуми

monsoon

тошқин

flood

муз

ice

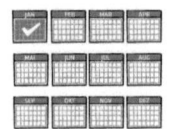

Январь

January

Февраль

February

Март

March

Апрель

April

Май

May

Июнь

June

Июль

July

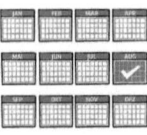

Август

August

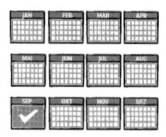

Сентябрь

September

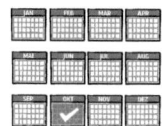

Октябрь

October

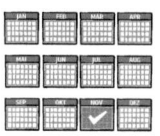

Ноябрь

November

Декабрь

December

шакллар
shapes

айлана

circle

квадрат

square

тўртбурчак

rectangle

учбурчак

triangle

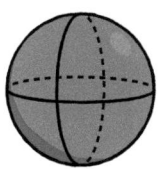

доира

sphere

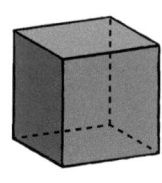

куб

cube

оқ

white

сариқ

yellow

сабзи ранг

orange

пушти

pink

қизил

red

тўқ қизил

purple

кўк

blue

яшил

green

жигар ранг

brown

кул ранг

grey

қора

black

кўп / оз

a lot / a little

ғазабли / хотиржам

angry / calm

гўзал / хунук

beautiful / ugly

боши / охири

beginning / end

катта / кичик

big / small

ёруғ / қоронғу

bright / dark

ака / сингил

brother / sister

тоза / ифлос

clean / dirty

тўлиқ / чала

complete / incomplete

кун / тун

day / night

ўлик / тирик

dead / alive

кенг / тор

wide / narrow

еса бўладиган / еса
бўлмайдиган
edible / inedible

ёвуз / хайрли
evil / kind

ҳаяжонли / зерикарли
excited / bored

семиз / озғин
fat / thin

биринчи / охирги
first / last

дўст / душман
friend / enemy

тўла / бўш
full / empty

қаттиқ / юмшоқ
hard / soft

оғир / енгил
heavy / light

очлик / чанқов
hunger / thirst

касал / соғлом
ill / healthy

ноқонуний / қонуний
illegal / legal

зиёли / калтафаҳм
intelligent / stupid

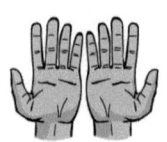

чап / ўнг
left / right

яқин / узоқ
near / far

янги / ишлатилган
....
new / used

ҳеч нарса / бир нарса
....
nothing / something

қари / ёш
....
old / young

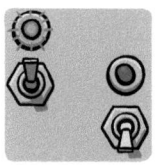

ёниқ / ўчиқ
....
on / off

очиқ / ёпиқ
....
open / closed

паст / баланд
....
quiet / loud

бои / камбағал
....
rich / poor

тўғри / нотўғри
....
right / wrong

нотекис / текис
....
rough / smooth

хафа / хурсанд
....
sad / happy

қисқа / узун
....
short / long

секин / тез
....
slow / fast

нам / қуруқ
....
wet / dry

илиқ / салқин
....
warm / cool

уруш / тинчлик
....
war / peace

0
ноль

zero

1
бир

one

2
икки

two

3
уч

three

4
тўрт

four

5
беш

five

6
олти

six

7
етти

seven

8
саккиз

eight

9
тўққиз

nine

10
ўн

ten

11
ўн бир

eleven

12

ўн икки

twelve

13

ўн уч

thirteen

14

ўн тўрт

fourteen

15

ўн беш

fifteen

16

ўн олти

sixteen

17

ўн етти

seventeen

18

ўн саккиз

eighteen

19

ун тўққиз

nineteen

20

йигирма

twenty

100

юз

hundred

1.000

минг

thousand

1.000.000

миллион

million

тиллар
languages

Инглиз

English

Америкача инглиз тили

American English

Хитой тилининг Мандарин лаҳчаси

Chinese Mandarin

Ҳинд

Hindi

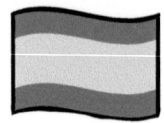

Испан

Spanish

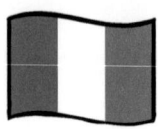

Француз

French

Араб

Arabic

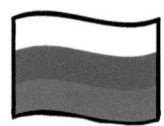

Рус

Russian

Португал

Portuguese

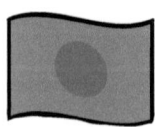

Бенгал

Bengali

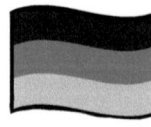

Немис

German

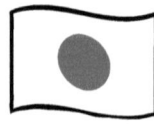

Япон

Japanese

Мен

I

Сен

you

у / у / у

he / she / it

биз

we

сизлар

you

улар

they

ким?

who?

нима?

what?

қандай?

how?

қаерда?

where?

қачон?

when?

исм

name

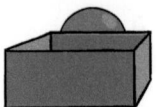

орқада

behind

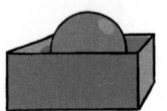

ичида

in

олдида

in front of

узра

over

устида

on

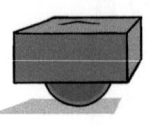

тагида

under

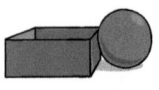

ёнида

beside

ўртасида

between

жой

place